# MOTIVACIONAL
## LIBRO PARA COLOREAR

**ESTE LIBRO PERTENECE A**

_______________________________________

Do What
is
Right
Not
What
is
Easy

Don't Let
Yesterday
TAKE
Up Too Much
Today

DREAMS
DON'T
WORK
UNLESS
YOU DO

IF YOU NEVER TRY YOU'LL NEVER KNOW

Take
The
Risk
or
Lose
The
Chance

GO
where you
FEEL most
alive

Small
ACTS
CHANGE
THE
WORLD

So much
world
so little
time

Let's
START
THE
JOURNEY

Never
Stop
Dreaming

Make
yourself
a
priority

IT'S
NEVER
TOO LATE
TO LOSE
that
weight

Don't
!STOP!
TILL YOUR
DROP

get FIT
or STAY
sick

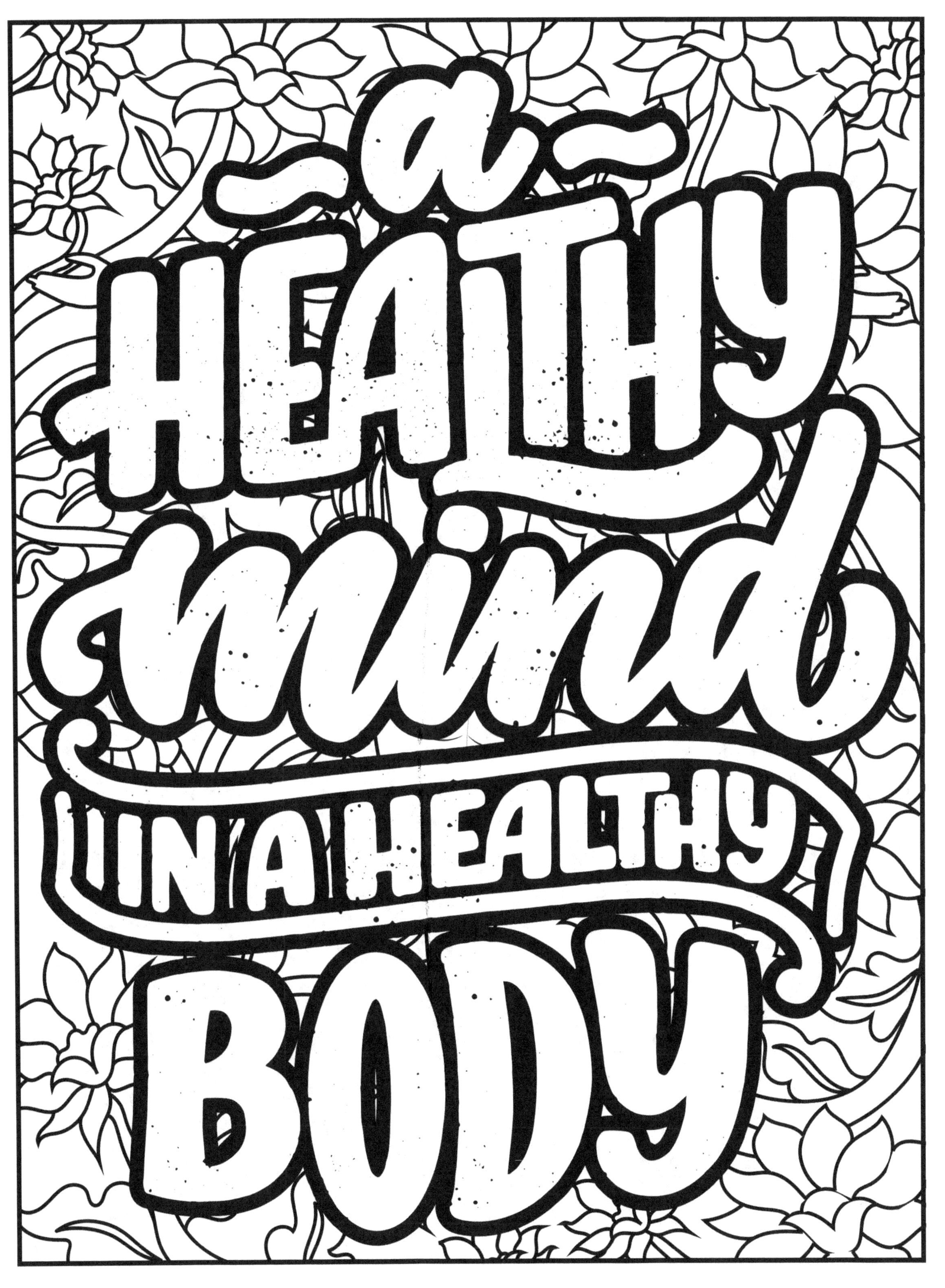

~a~
HEALTHY
mind
IN A HEALTHY
BODY

HAPPY
IS THE
new
RICH

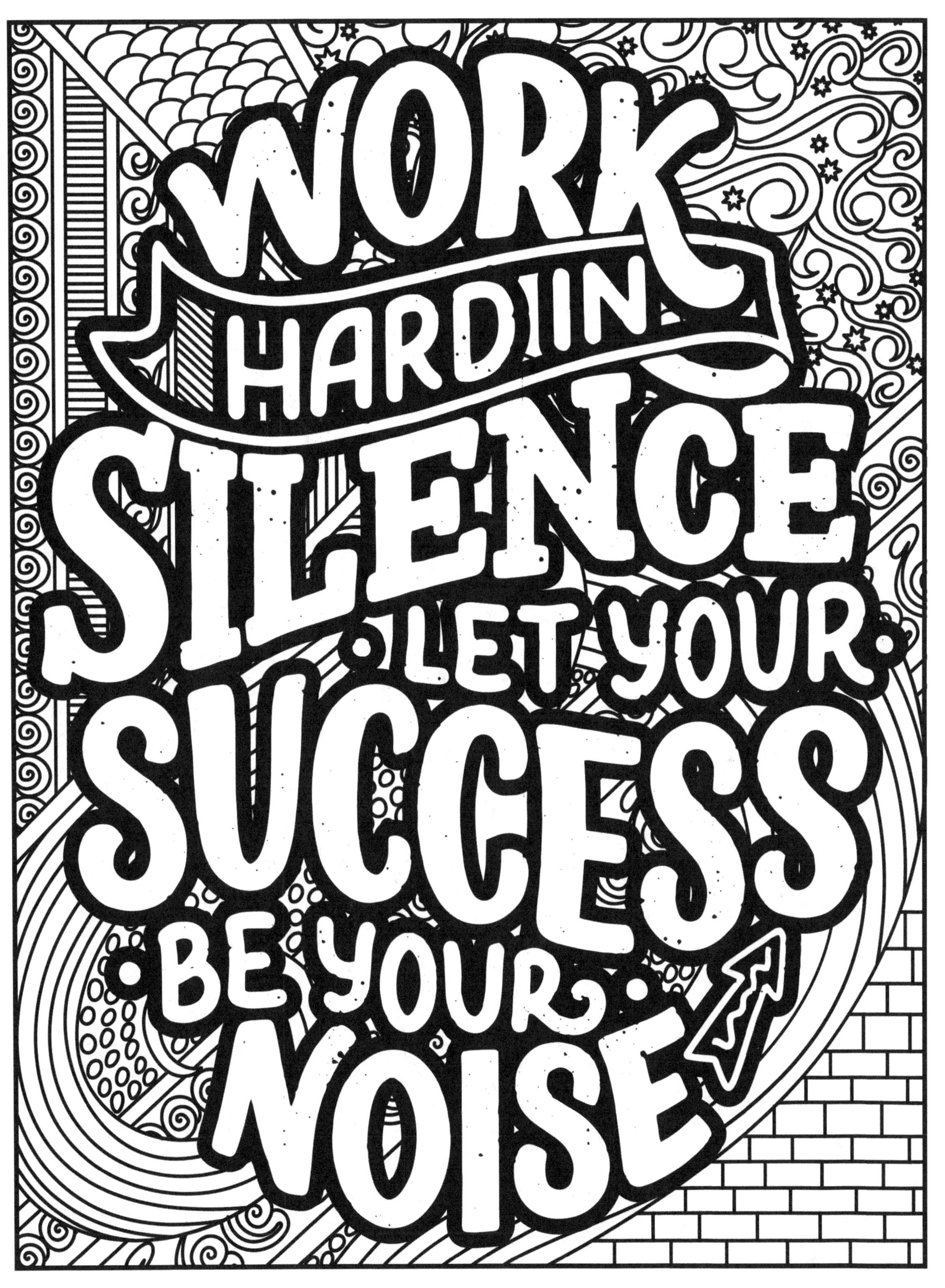

WORK
HARDIN
SILENCE
LET YOUR
SUCCESS
BE YOUR
NOISE

Find
a WAY
NOT AN
EXCUSE

I'M NOT perfect. BUT I AM LIMITED edition

give
THIS
WORLD
GOOD
energy

BE A
BAD ASS
WITH A
(GOOD)
ASS

Things
Take
Time

Some
times
IT'S OK
to be
SELFISH

dream
believe
achieve

BE
Yourself
NO MATTER
What They
Say